Para

com votos de paz.

Divaldo Franco
por Diversos Espíritos

Momentos
de renovação

Salvador
4. ed. – 2024

©(1984) Centro Espírita Caminho da Redenção
Site: https://mansaodocaminho.com.br
Edição: 4. ed. (1. reimpressão) – 2024
Tiragem: 3.000 exemplares (milheiros: 34.000)
Coordenação editorial: Lívia Maria C. Sousa
Revisão: João Boschiroli • Manoelita Rocha
Capa: Ailton Bosco
Editoração eletrônica: Ailton Bosco
Coedição e publicação: Instituto Beneficente Boa Nova

PRODUÇÃO GRÁFICA
LIVRARIA ESPÍRITA ALVORADA EDITORA – LEAL
E-mail: editora.leal@cecr.com.br
DISTRIBUIÇÃO: INSTITUTO BENEFICENTE BOA NOVA
Av. Porto Ferreira, 1031, Parque Iracema. CEP 15809-020
Catanduva-SP.
Contatos: (17) 3531-4444 | (17) 99777-7413 (WhatsApp)
E-mail: boanova@boanova.net
Vendas on-line: https://www.livrarialeal.com.br

Dados Internacionais de Catalogação na Publicação (CIP)
(Catalogação na fonte)
BIBLIOTECA JOANNA DE ÂNGELIS

FRANCO, Divaldo Pereira. (1927)

Momentos de renovação. 4. ed. / Pelo Espírito Joanna de Ângelis [psicografado por] Divaldo Pereira Franco. Salvador: LEAL, 2024.
128 p.
ISBN: 978-85-8266-112-3

1. Espiritismo 2. Psicografia 3. Meditações
I. Divaldo Franco II. Título

CDD: 133.93

Bibliotecária responsável: Maria Suely de Castro Martins – CRB-5/509

DIREITOS RESERVADOS: todos os direitos de reprodução, cópia, comunicação ao público e exploração econômica desta obra estão reservados, única e exclusivamente, para o Centro Espírita Caminho da Redenção. Proibida a sua reprodução parcial ou total, por qualquer meio, sem expressa autorização, nos termos da Lei 9.610/98.
Impresso no Brasil | Presita en Brazilo

Súmula

Momentos de renovação (Joanna de Ângelis) 7

1. Regra de ouro (Joanna de Ângelis) 11
2. O poema do amor (Joanna de Ângelis) 13
3. Deus é Amor (Joanna de Ângelis 15
4. Vozes do amor (Rabindranath Tagore) 17
5. O Tesouro da oração (Joanna de Ângelis) 19
6. Riqueza da pobreza (Joanna de Ângelis) 23
7. A arte de doar (Joanna de Ângelis) 27
8. Comportamento cristão (Marco Prisco) 31
9. Conquista da paz (Joanna de Ângelis) 35
10. Recursos da saúde (Joanna de Ângelis) 37
11. Sábias decisões (Joanna de Ângelis) 41
12. Tente já (Marco Prisco) 45
13. Tempo e vida (Joanna de Ângelis) 49
14. Plenitude da vida (Joanna de Ângelis) 53
15. Bênção do trabalho (Joanna de Ângelis) 57

16. Gratidão fulgurante (Rabrindranath Tagore)..........61

17. Autoanálise (Joanna de Ângelis) 63

18. Esforço de renovação (Joanna de Ângelis).............67

19. Suicídio, nunca! (Joanna de Ângelis) 71

20. Desafios da vida (Marco Prisco) 77

21. Jesus e os homens (Joanna de Ângelis) 81

22. Carro e cruz (Joanna de Ângelis) 85

23. Ação para a paz (Joanna de Ângelis) 89

24. Poeira de estrelas (Rabindranath Tagore)...............93

25. O problema do julgamento (Joanna de Ângelis) 95

26. Enfermidade da alma (Joanna de Ângelis) 101

27. Comando íntimo (Joanna de Ângelis) 107

28. Recurso liberativo (Marco Prisco) 111

29. Carências (Joanna de Ângelis) 115

30. Sou eu (Joanna de Ângelis) 121

Momentos de renovação

A existência física, na Terra, é feita de momentos diversos, que se encarregam do processo de evolução da criatura. Momentos de gáudio fazem-se suceder pelos de aflição, enquanto os de repouso vêm após aqueles de trabalho... Há momentos de paz e de luta, de conquista e de perda... Estes se apresentam, entre os homens, como sendo os momentos da violência e da angústia, do pessimismo e do medo...

Sem dúvida, também, enflorescem-se agora as realizações nobilitantes e as atividades de engrandecimento moral e tecnológico que promovem este final de século a posição jamais esperada. Porque pululam, não obstante, em toda parte os desesperados e os vencidos, os inquietos e os enfermos do corpo como da alma, a eles dedicamos nosso modesto livro, que foi escrito especialmente para ensejar-lhes momentos de renovação.

Na sua simplicidade, apresentamos trinta temas para meditação, inspirados nas lições e exemplos de Jesus, apoiados na revelação espírita que explica racionalmente os acontecimentos infelizes e os dissabores, as provações e as desditas humanas, acenando com as possibilidades novas de soerguimento e edificação interior.

Nossos amigos espirituais, Marco Prisco e Rabindranath Tagore, por nós convidados a cooperar no modesto trabalho que ora apresentamos, contribuíram fraternalmente, somando suas experiências com as nossas sugestões que, agora, em letra de forma, oferecemos à renovação do paciente leitor. Confiando que o conteúdo destas páginas poderá, de alguma forma, auxiliar os que estão a ponto de sucumbir, renovando-os para o bem e evitando-lhes a queda, exoramos a bênção do Senhor para todos nós, dando-nos por felizes pelo trabalho realizado.

JOANNA DE ÂNGELIS
Salvador, 4 de abril de 1984.

1

REGRA DE OURO

Extenuado pelas sevícias das incompreensões, renova-te através do amor que possas repartir com quem estejas. Hospeda as pessoas na tua amabilidade, sem cobrares a diária da gratidão.

❖

O amor, quando alberga alguém, à semelhança da luz, impregna de bênçãos. À medida que se espraia, mais se robustece, nunca se desgastando. Distende-se quais mãos operosas que abrem caminhos por onde os corações ansiosos atravessarão. Não exige que o ser amado lhe aceite as regras, porque jamais impõe comportamentos, dando a impressão de que dele necessita. É suave como a brisa envolvente do entardecer e cristalino quanto o córrego que deixa ver o leito por onde se estende mansamente.

Somente quem a si mesmo se ama é capaz de amar os outros.

O teu amor será verdadeiro, se conseguires olhar aquele que te agrediu e ofendeu, de tal forma que ele tenha a sensação de que o perdoaste, embora não te haja rogado desculpas.

Ama, portanto, e especialmente os que te não podem retribuir o sentimento elevado com quaisquer coisas, exceto com o próprio amor, quando se resolvam fazê-lo. E se não o fizerem, ama-os assim mesmo. *"Amai-vos uns aos outros como eu vos amei"* – recomendou Jesus como regra de ouro.

JOANNA DE ÂNGELIS

2

O POEMA DO AMOR

Conta-se que João Evangelista, o discípulo amado, quando já idoso e alquebrado, vivendo na Ilha de Patmos, era conduzido pelos seus discípulos para participar das reuniões que faziam e pediam-lhe para que lhes narrasse os acontecimentos e comentários, as lições e os feitos de Jesus, que ele houvera testemunhado, o vidente extraordinário repetia:

– *O que mais ficou impregnado na minha memória foi a Sua recomendação: "Filhinhos, amai-vos uns aos outros".*

Tantas vezes, o missionário-testemunha do Cristo e Seu seguidor repetiu o conceito que, certo dia, um jovem retrucou, desgostado: – *Será que o senhor não tem nada de novo a dizer-nos? Já nos transmitiu, tantas vezes, este ensinamento, que nos sentimos cansados dele.*

Sem qualquer agastamento, o sábio Apóstolo redarguiu, com bondade:

– *Se amásseis, estaríeis em condição de saber mais. Todavia, embora eu haja repetido tantas vezes este enunciado, ainda não vos impregnastes dele, deixando que a irritação e o azedume, que são o antiamor, se agasalhassem no vosso coração. Portanto, "filhinhos, amai-vos uns aos outros".*

JOANNA DE ÂNGELIS

3

Deus é Amor

Somente o amor preenche o imenso vazio da alma.

❖

Nesse lugar silencioso e solitário do coração, o amor deve inaugurar o seu primado, irradiando-se como soberana luz em todas as direções. A sua voz nem sempre se faz ouvida por outrem, no entanto, sua presença sempre se torna sentida por todos.

❖

O amor nutre a esperança e dá forças à fé.

Terra fértil para os sentimentos nobres, é o amor fraternal o élan de união entre todas as criaturas. Nele desabrocham a justiça e a caridade, enflorescendo a vida de paz.

Porque é o hálito de manutenção dos seres e vige em toda parte no Cosmo, sustentando o equilíbrio das leis universais, tanto quanto da harmonia da Natureza, "Deus é amor", conforme O definiu João.

JOANNA DE ÂNGELIS

4

Vozes do amor

Quando a música do amor toca aos meus ouvidos a sua balada, ergo-me da solidão e abraço todas as criaturas de Deus – vegetais, animais e homens – como minhas irmãs.

❖

Enquanto os dois olhos ternos de uma criança brilharem no mundo, como estrelas solitárias espalhando a luz da esperança, com certeza Deus permanecerá convidando o homem à vivência do amor.

Rabindranath Tagore

5

O Tesouro da oração

A Oração deve abrir espaços no tempo do cristão, a fim de preencher-lhe os vazios do sentimento.

❖

Mais do que um amontoado de palavras, a oração é um ato de interação entre a alma e Deus.

❖

Não importa a posição do corpo, no ato de orar, mas a da alma que se eleva quanto mais reconhece a própria pequenez.

❖

Ato de humildade, de adoração, de fé, a oração é o pulsar do desejo humano na vibração do amor divino.

❖

O homem que ora abre-se ao amor, e a vida plenifica-o com paz.

❖

A oração, talvez, não mude as circunstâncias nem impeça as ocorrências, mas dá visão para compreendê-las e forças para superá-las.

❖

Mediante a oração, o homem marca o seu encontro com Deus. Sem esse contato, desacostuma-se de conversar com Ele, perde a compreensão para os Seus desígnios, terminando por esquecê-lO, e quando deseja reatar o intercâmbio, aturde-se, sem saber como fazê-lo.

❖

Deus espera pelo homem, e a oração é o veículo que o aproxima d'Ele.

❖

Muitas criaturas buscam Deus quando estão desesperadas, e, porque perderam o Seu endereço, o apelo não consegue alcançar o alvo. A oração é o meio seguro de saber onde Ele se encontra.

❖

A oração mais eficiente é a que se faz através da ação do bem ao próximo sob a inspiração do amor.

JOANNA DE ÂNGELIS

6

Riqueza da pobreza

"*Bem-aventurados os pobres de espírito*", que são:

Aqueles que se empobrecem de orgulho, adotando a humildade.

Quantos se deslindam das paixões amesquinhantes, satisfazendo-se com o bem.

Todos que se esvaziam do eu arbitrário, em favor dos direitos dos seus irmãos.

Os homens que deixam as coisas vãs sem abdicarem da honra.

As criaturas que cedem nas disputas inúteis, perdendo bens transitórios, a fim de não se indisporem com ninguém.

Esses *"pobres de espírito"* assim o fazem e *"deles é o Reino dos Céus"*.

Os homens de espírito pobre acumulam a avareza nos cofres da usura, e arruínam o seu próximo, em verdade a si mesmos prejudicando. Quando dão algo, permutam-no com interesse imediato; se amam, exigem retribuição; porque possuem, sempre pensam em tudo comprar, em razão de não acreditarem na pureza dos corações, ansiosos e inquietos como vivem. São Espíritos assinalados por imensa pobreza. Suas posses geram discórdias, inveja, ódio e divisão. Ganham na Terra e logo se perdem, tudo deixando na insânia que os desarvora.

Alguns não têm haveres, mas disputam os largos tratos de terra do orgulho, do egoísmo, da malquerença, tornando-se ricos de mágoa, vilania e agressividade. Fazem-se ricos de mesquinhez e pobres de esperança.

Todo aquele que ama se enriquece de paz, empobrecendo-se de posses materiais.

"Bem-aventurados os pobres de Espírito..."

JOANNA DE ÂNGELIS

7

A ARTE DE DOAR

Quando ofertamos, possuímos. Quando recebemos, tornamo-nos devedores.

❖

A felicidade em poder repartir é sempre maior do que aquela que convida a acumular quando o próximo tem carência.

❖

A semente que se nega a sucumbir na terra, para desdobrar-se em vida, morre na inutilidade. Todavia, a que perece, esmagada no solo, revive com exuberância.

❖

Toda doação é uma sementeira para o futuro, que a vida se encarrega de multiplicar.

❖

Há *moedas* esquecidas que se podem tornar dádivas de importância, tais como a hospitalidade fraternal, a expressão de cortesia, o gesto de amizade, a participação no sofrimento alheio, o sorriso gentil, que não custam dinheiro e, em certos momentos, são mais valiosos do que ele.

❖

A caridade que se converte em triunfo pessoal naquele que a recebe é sempre luz inapagável na vida de quem a pratica.

❖

Vive com otimismo na confiança integral em Deus e distribui alegria por onde passes.

❖

Não deixes ninguém afastar-se de ti, sem que leve um traço de bondade ou um sinal de paz da tua vida.

Quem se aproximou de Jesus nunca mais foi o mesmo, jamais O esqueceu.

JOANNA DE ÂNGELIS

8

Comportamento cristão

Os modernos estudiosos do comportamento humano estabelecem regras, mediante as quais o indivíduo se promove na comunidade onde vive. O Evangelho, todavia, sugere métodos de vivência, através dos quais o homem se realiza, produzindo estados felizes da alma que irradiam bem-estar.

❖

Seja gentil para com todos. Não pensando em conquistar amigos, mas em fazê-los felizes.

❖

Use a bondade indistintamente. Não porque deseje influenciar pessoas, porém, para torná-las tranquilas.

❖

Sorria sempre. Não porque essa atitude pareça simpática, e sim por trazer sol na alma.

❖

Evite a crítica ácida em qualquer circunstância. Não porque isso gere cordialidade, antes por reconhecer o direito de não julgar ninguém.

❖

Espalhe impressões de otimismo. Não porque pense em granjear companheiros, todavia, por carregar no íntimo a alegria de viver.

❖

Nunca revide mal por mal. Não porque isso gere inimigos, considerando, entretanto, que o mal é a ausência do bem e só este é-lhe antídoto eficaz.

Desculpe-se, quando equivocado. Não pensando em lograr apoio e sim, porque esta é a ação condizente com a sua fé cristã.

Utilize a sinceridade sem dela fazer uma arma certeira. Não porque tal gesto logre aplauso, sem embargo, por coerência entre a fé e a atitude.

Faça-se discreto, sem a necessidade do fingimento; não porque teime em aumentar o círculo das amizades, todavia, por um princípio de compreensão das humanas fraquezas.

Vença a timidez. Não porque assim agrade aos outros, mas para sair de si e conquistar a vida.

❖

Seja você mesmo. Não procure competir com ninguém. Você é o que edifica interiormente.

❖

As aparências desfazem-se. As realidades permanecem. Tente ser sempre amigo, quer conquiste, influencie ou não pessoas para o seu núcleo de afetividade.

Marco Prisco

9

CONQUISTA DA PAZ

Em favor da paz são desencadeados conflitos, lutas encarniçadas, agressões de morte, firmando-se depois, tratados de armistício entre debates de ódio e tormentas de angústia. Assim os homens adquirem tranquilidade legal sem paz real.

❖

Ao insatisfeito interiormente, nenhuma paz de fora logra acalmá-lo. A paz independe do bucolismo da Natureza, da quietude do lar, do conforto em derredor. É uma conquista interna que supera quaisquer condicionamentos e não se perturba quando as tempestades externas desencadeiam desequilíbrios. A paz se instala quando o dever se realiza.

❖

Uma consciência sem culpa, um caráter reto e um coração afável – eis os fatores necessários para a paz.

❖

Quem acrisola o coração ao vício, perde o roteiro para a paz.

❖

Os *ouvidos* da paz interior registam as necessidades do próximo, estimulando as *mãos* da caridade a agirem com prontidão.

❖

Vivamos em paz, na paz de Jesus. *"A paz vos deixo, a minha paz vos dou..."* (João, 14:27)

JOANNA DE ÂNGELIS

10

Recursos da saúde

O que pensas, vitalizas. Quem não controla o pensamento, age sem ponderação.

❖

O cérebro é dínamo gerador de energias e a mente é a força que o conduz, fazendo que produza de acordo com os impulsos morais que lhe são peculiares.

❖

A saúde se expressa mediante a sintonia com Deus, que propicia equilíbrio. A doença resulta do desajustamento das engrenagens da alma, refletindo-se no desconcerto do corpo e da mente.

❖

Os códigos de preservação da saúde exigem que ninguém se agaste, nem se exalte; que seja frugal na alimentação e comedido nos usos; que se resguarde da ira e gere simpatia, mantendo sempre um coração afável.

❖

O Espírito é o agente de todas as ocorrências, especialmente nas áreas da saúde como nas da doença. Se trabalha pela harmonia, educando a vontade e bem canalizando as aspirações, ressarce as dívidas do passado, conquista o equilíbrio no presente e constrói a felicidade do futuro.

❖

Somente pelo Espírito renovado o homem será resgatado do sofrimento.

❖

A boa leitura, que induz à meditação; a prece, que acalma e enseja inspiração; as boas ações, que enobrecem e proporcionam bem-estar, são preservativos da saúde e terapia para quaisquer doenças.

❖

Comunica-te com um homem sadio de corpo e de alma. Nele descobrirás um Espírito gentil e nobre.

JOANNA DE ÂNGELIS

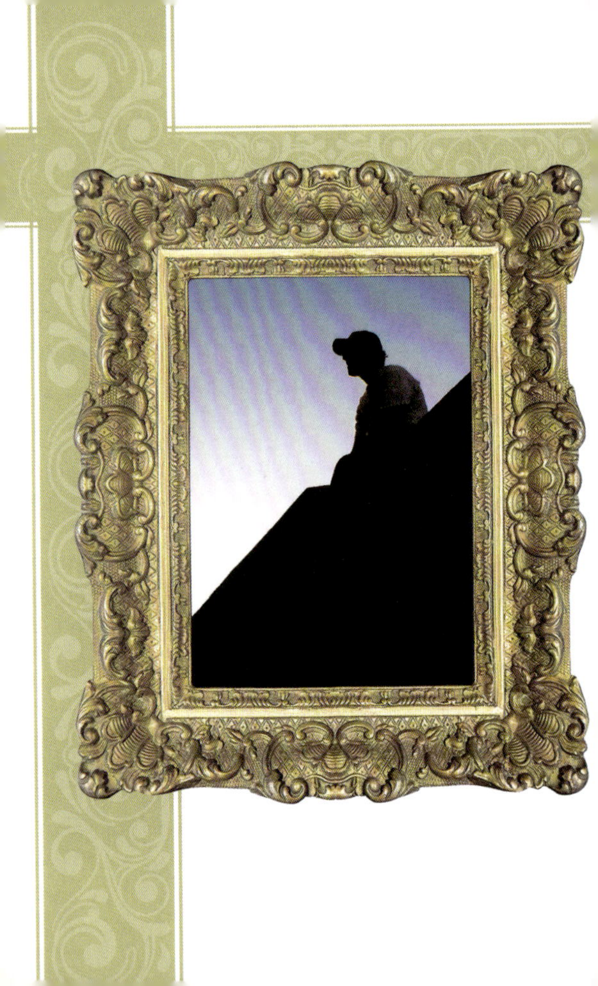

11

SÁBIAS DECISÕES

A grandeza da alma se reflete na ação das pequenas coisas. Quanto mais desce para servir, mais se eleva na realização.

❖

Nem sempre os heróis são aqueles que se revelaram nos graves momentos da Humanidade, pela atuação decisiva. Existem incontáveis lidadores que impulsionam o homem e a Sociedade no rumo do grande bem, através de contínuos sacrifícios que passam ignorados e, sem os quais o caos se estabeleceria dominador.

❖

Os discutidores inoperantes consideram em demasia o valor das palavras, perdendo o tempo útil que poderia ser aplicado nas ações relevantes. Nos debates estéreis, dizem o que não amadureceram pensando, quando poderiam agir bem, assim melhor ensinando.

❖

Quem não pode revelar-se numa grande realização, sempre dispõe de meios para manifestar-se nas pequenas ações.

Se não possui recursos para acabar com a fome geral, pode atendê-la em uma pessoa necessitada.

Se não consegue resolver o problema das enfermidades, deve socorrer um doente.

Não logrando acabar com a miséria, dispõe-se a minorá-la naqueles que defronta e padecem-lhe a injunção.

❖

Não é imprescindível estar presente nos grandes momentos da História, todavia, é importante facilitá-los para os outros, desde hoje, com a sua contribuição. Jesus não quis vencer no mundo, antes, porém, venceu o mundo repleto de paixões amesquinhantes.

JOANNA DE ÂNGELIS

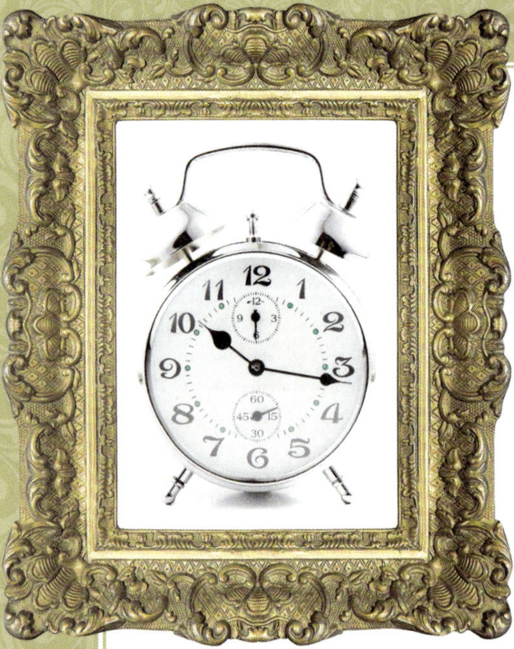

12

TENTE JÁ

Agora que você experimentou a violência, em consequências lamentáveis, tente a brandura. A brandura impregna de paz, renovando as paisagens destroçadas pela fúria da violência.

❖

Depois que você sentiu o ácido destruidor do ódio, tente o amor. O amor consegue vitalizar com energias novas os organismos cadaverizados pelo ódio.

❖

Já que você conheceu de perto a amargura, vivendo-a por horas aflitivas, tente o otimismo.

O otimismo é a terapia de largo alcance para erguer os que tombaram vitimados pela amargura.

❖

Após o cerco nefando da calúnia, que atormentou demoradamente, tente a compaixão. A compaixão é o algodão que silencia a voz perturbadora da calúnia.

❖

Quando passem as horas lancinantes do desespero, tente a eficácia da confiança. A confiança reorganiza o ambiente e reajusta as peças das engrenagens morais que o desespero desarticulou.

❖

Neste momento em que a exaustão dos sentidos lhe fala da dolorosa realidade em que você se encontra, tente a fraternidade. A fraternidade logra a harmonia que a volúpia das paixões inferiores e as licenciosidades não conseguem oferecer.

❖

Diante dos efeitos perniciosos de malquerença, tente a bondade. A bondade desinteressada é bálsamo curador sobre as feridas purulentas que a malquerença dilacera.

❖

Em face das distonias que a mágoa consegue produzir em quem lhe sofre a presença, tente a compreensão. A compreensão identifica melhor as necessidades dos atormentadores e dilui a solução virótica deixada pela mágoa.

❖

Em decorrência da insatisfação que o atormenta, tente o auxílio ao próximo. O auxílio ao próximo sobrepõe-se à insatisfação tormentosa e brinda com plenitude.

❖

Em resultado da indolência que o enferma, tente o trabalho. O trabalho é dínamo gerador, que estabelece cadeias de forças que mantêm a vida. Tente o lado positivo da questão. Saia da posição negativa.

❖

Tente o bem. Abandone o mal.

❖

Tente a luta edificante. Libere-se do marasmo anestesiante.

❖

Tente seguir Jesus. Vença o mundo, antes que os ardis mundanos o amesquinhem e o destruam.

MARCO PRISCO

13

TEMPO E VIDA

O tempo utilizado com sabedoria rende juros de progresso intelecto-moral. A *hora vazia* fomenta os desequilíbrios que redundam em inequívocos prejuízos.

❖

A ação tranquila e contínua produz resultados mais seguros do que o labor agitado, sem método, nem prosseguimento.

❖

Para o êxito de qualquer realização, faz-se importante a programação da atividade, obedecendo ao critério do tempo que pode ser investido.

❖

O homem prudente valoriza o tempo, enquanto que o ocioso desperdiça-o desnecessariamente.

❖

Os ponteiros do relógio retornam sempre ao lugar por onde já passaram, todavia, não mais trazem de volta o tempo que se foi.

❖

O tempo, na sua marcha inexorável, a tudo transforma alterando a face da vida e alcançando o homem, que se modifica. Conduze bem o teu tempo, dele retirando os preciosos valores para a tua, e a vida daqueles que te cercam.

❖

Quem malbaratou a dádiva dos minutos, quando os deseja para uma finalidade superior, já não os logra alcançar nas mesmas circunstâncias. Tempo e vida são termos da equação da felicidade. Bem aproveitado, tempo é vida; desperdiçado, a *vida* é a *morte* da oportunidade de redenção.

JOANNA DE ÂNGELIS

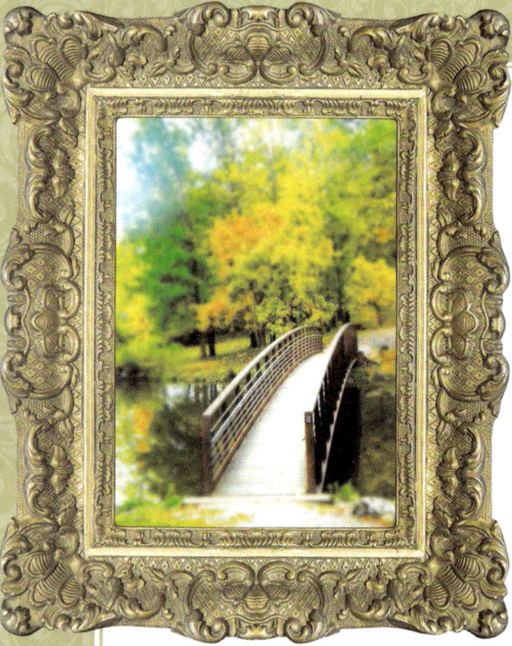

14

Plenitude da vida

A morte faz parte da vida. Fenômeno biológico, incorpora-se à organização somática como ocorrência natural do processo de desgaste a que se impõe o corpo, na sua condição de roupagem transitória da alma.

❖

A indestrutibilidade é característica somente do Espírito e não da sua apresentação material.

A carne sofre decomposição sob a inevitável modificação das suas moléculas, em incessante mecanismo de transformações. Viver pensando na morte, portanto, deve ser parte do programa normal de todo homem inteligente.

❖

Em razão de ignorar-se o dia da morte, faz-se imprescindível viver cada jornada como se fosse a última no corpo.

❖

A morte não encerra a vida; antes, porém, descortina-a pujante, para quem retorna, sendo o veículo que reconduz o viajor à terra natal.

❖

Quem se conscientiza dessa realidade, vive conforme as condições que se lhe apresentam, conquistando tesouros morais para a própria plenitude depois da morte.

❖

O mundo do espírito é o causal, permanente, enquanto o terreno é de aprendizagem, instável.

❖

Condiciona a mente à realidade da tua ou da desencarnação dos seres amados, equilibrando a emoção e armando-te de fé e coragem, para bem enfrentares a presença da morte quando chegar aos teus sentimentos, chamando-te, ou aos teus afetos, sob a inexorável imposição da própria vida. Com essa superior disposição, superarás a dor e vencerás a saudade, permanecendo paciente, na expectativa do reencontro ditoso. *Eu vim para que tenhais vida* – estabeleceu Jesus – *e vida em abundância.*

JOANNA DE ÂNGELIS

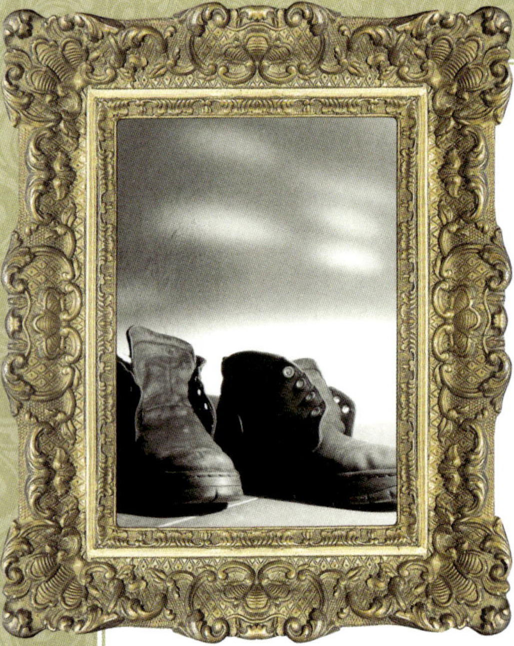

15

BÊNÇÃO DO TRABALHO

Além de auxiliar o tempo, na sucessão das horas, a passar em regime de paz, o trabalho é o mais eficiente enxugador de lágrimas, conselheiro para a angústia e antídoto do mal.

❖

O trabalho ainda é o mais poderoso diluente para as mágoas, quanto anestésico para a ingratidão.

❖

O trabalho edificante promove o progresso do indivíduo e da sociedade na qual se encontra; favorece a ordem e educa os hábitos. Sem ele, degeneram-se as aptidões, destroem-se os ideais e a vida periclita.

❖

Todo homem que ascende no processo da evolução, transforma as suas aspirações em trabalho que o dignifica e promove. Lei da Natureza, que o propicia aos seres, a fim de se desenvolverem, o trabalho é dínamo gerador de vida.

❖

O homem atinge a maioridade espiritual quando trabalha alegre e consciente, tornando as suas horas de repouso espaços geradores de forças novas para a ação.

❖

O trabalho é condição de responsabilidade para todo cidadão livre, que responde pela felicidade pessoal e do grupo social onde se movimenta. É verdade que escasseiam empregos, na atualidade, mas nunca falta trabalho para quem deseja progredir.

❖

"O Pai até hoje trabalha – asseverou Jesus, – *e eu também trabalho."*

JOANNA DE ÂNGELIS

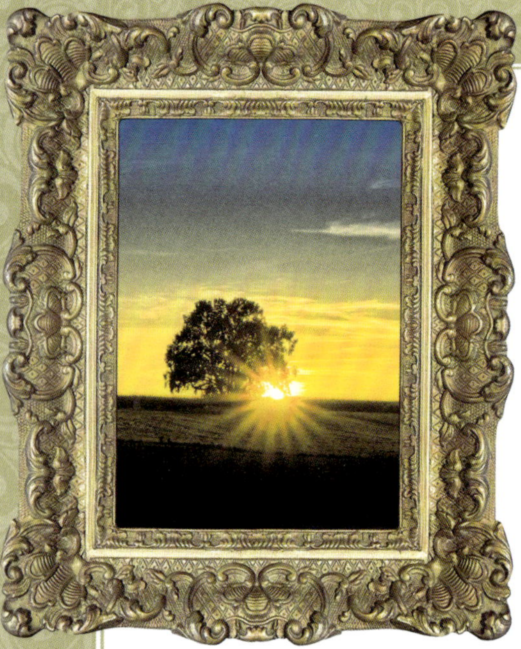

16

Gratidão fulgurante

Amanhece... A oportunidade de amar que Tu me dás ressurge com a luz do dia. Cada um é semeador da vida, que passará no carro das horas, contemplando a terra dos corações. Que ninguém deixe de depositar o seu grão de amizade no solo triste que aguarda reverdecimento! Qualquer pessoa que seja encontrada, que se transforme em canção de alegria.

❖

Não permita sair da sua presença coração algum amargurado sem que antes se haja enflorescido de esperança. A oportunidade voa e passa; mas, a semente do amor ficará plantada nas vidas, viajando pelas gerações do futuro e produzindo alimentos de paz.

❖

Cai a tarde... O Sol se esgueira, cedendo lugar às sombras que permanecerão por um pouco. Antes de ir-me com ele, é necessário dizer-Te: Senhor, tenho as mãos limpas e o coração tranquilo. Na noite, perceberás onde estive. Os lugares se encontram assinalados pelas estrelas da gratidão que fulgirá nos olhos de todos aqueles em quem depositei a claridade do Teu amor.

RABINDRANATH TAGORE

17

Autoanálise

Periodicamente, faze uma autoanálise espiritual, numa tentativa de avaliação das tuas tarefas. Levanta algumas questões que te inquietam e examina quais as que receberam um salutar tratamento desde que te iluminaste com o conhecimento espírita. Anota, mentalmente, aquelas que permanecem afligindo-te, bem como as outras nas quais malograste, programando futuras atitudes.

❖

Tem a coragem de ser fiel aos compromissos abraçados, não justificando quedas ou fracassos nesses desafios com os quais a vida te propõe a evolução. Da mesma forma, reconhece-te frágil, susceptível, portanto, de erros que se dão para facilitar-te as técnicas de acerto e autoburilamento. És aprendiz na escola do progresso. Cada luta surge como oportunidade de conquista.

❖

Lecionas virtude para os outros. Censuras as debilidades morais do teu próximo e podes enumerá-las, o que demonstra possuíres a visão certa das coisas. Cabe-te, desse modo, conduzir-te corretamente.

❖

O mundo está povoado por diversas pessoas que se movimentam na ignorância da verdade; por outras tantas que perderam o rumo; por incontáveis que se bastam com o essencial para as funções de manutenção e de reprodução, carentes, todas elas, de ajuda e amparo, mesmo que a grande maioria não se dê conta disso.

❖

Podes e deves sair da concha onde te demoras, para esse trabalho de solidariedade que mudará a face da Terra, mediante a transformação moral de cada homem.

❖

Não te contentes com o terreno já conquistado, nem te lamentes em face dos trechos perdidos. O teu momento de êxito começa agora, e, portanto, a tua ação deve ser iniciada de imediato.

❖

Autoanalisa-te, sim, com honesto interesse de descobrir os teus erros para corrigi-los e os teus acertos para que se façam patamares para futuras conquistas. O cristão decidido não se satisfaz com meias aquisições, definindo-se pelo que deve ou não deve realizar, executando o que lhe diz respeito e pode fazer. Disse Jesus que *"o Reino dos Céus está dentro de nós"*, propelindo-nos a conquistá-lo com esforço e decisão, mediante uma honesta autoanálise do comportamento e da ação perante a fé abraçada.

JOANNA DE ÂNGELIS

18

Esforço de renovação

Há quem informe que a adesão aos princípios da fé religiosa traz um contingente de aflições e desencantos. Diz-se que, após a convicção espírita abraçada, as pessoas tornam-se taciturnas e meditativas. Alega-se que a alegria cede lugar à sisudez e as ambições são substituídas pela indiferença. Estranham, essas pessoas, o que acontece, e por isso afirmam o desejo de manter distância em relação à Doutrina renovadora.

❖

O problema, no entanto, resulta da óptica pela qual os trêfegos e gozadores observam a ocorrência. O retorno após uma jornada malsucedida é sempre feito com cuidado e ponderação.

❖

Os que abraçam a verdade já não podem compactuar com a mentira dourada. Raramente o riso expressa felicidade, assim como a seriedade nem sempre reflete equilíbrio. Confunde-se responsabilidade com sofrimento e equilíbrio com indiferença ante as coisas de valor nenhum. É natural que assim sejam considerados os comportamentos responsáveis.

❖

Os palradores exibem, na loquacidade, o que não possuem na intimidade pessoal, que é o discernimento; os permanentemente festivos estão em fugas espetaculares do próprio eu; os frívolos e utilitaristas vivem embriagados pela ilusão, receando enfrentar-se.

❖

Quando se dá o encontro com a certeza da imortalidade, o primeiro passo é a renovação da paisagem mental com a consequente alteração do comportamento. Nenhuma estranheza deve causar o fato. Identificando o tempo perdido, o homem lamenta-o, esforçando-se por recuperá-lo. Conhecendo a extensão dos seus erros, arrepende-se e luta pela reabilitação. Descobrindo novos valores, abandona as quinquilharias e busca conquistar outros recursos.

❖

A visão da realidade clarifica interiormente o indivíduo que, de pronto, se renova. Compreensível, portanto, que venham as lutas após a aquisição das forças que o conhecimento proporciona. As pessoas ligeiras e fúteis ainda não têm resistência para o esforço da transformação moral.

❖

Toda obra exige planificação. O trabalho impõe esforço. Qualquer aquisição nobre pede sacrifício. A aquisição da paz interior e a alegria da imortalidade não se expressam mediante exibição bizarra ou propaganda bombástica, mas através da identificação das tarefas logradas diante das infinitas possibilidades de novas vitórias em relação ao que falta ser conquistado, impondo, sem dúvida, uma profunda mudança de comportamento.

JOANNA DE ÂNGELIS

19

Suicídio, nunca!

Qual raio destruidor, em noite escura, que rasga os céus sombrios, a ideia do suicídio relampagueia na mente atormentada, quando os sofrimentos maceram, e o homem não se sente encorajado para superá-los. O primeiro destrói o que encontra pelo caminho, enquanto o segundo faz que prossiga com inusitada intensidade a desventura que não vai consumida. Porque é um ato de rebeldia, o suicídio interrompe o fluxo material da vida, não, porém, a realidade desta. Como efeito da intenção de fuga do sofrimento, este se alonga mais terrível e devastador.

❖

Graças às poderosas engrenagens dos acontecimentos, eles deixam matrizes nos tecidos sutis da alma, que os fixa, causando lancinantes efeitos, quando bruscamente interrompidos. Fuga à responsabilidade moral e à submissão dinâmica imposta pelas Leis Divinas, que sempre alcançam o infrator, o suicídio imana ao delito o Espírito que se atirou a mais desesperada conjuntura.

❖

Alongam-se, por decênios, os infortúnios dos quais o indivíduo se quis libertar, acompanhando em crises sucessivas de alucinação e dor, o sofrimento que poderia haver sido transformado em sublimação.

❖

Quando irrompam, na tua vida, quaisquer dores acerbas, arma-te de coragem para as superar.

❖

Passam todas as aflições e raia sempre novo dia de esperança para quem confia.

❖

Nunca agasalhes a torpe ideia do suicídio, que não soluciona os problemas.

❖

Ideia vitalizada faz-se ação imediata.

❖

Pensando na autodestruição e falando sobre ela, as formas-pensamento se condensam na mente, terminando por transformar-se em ocorrência real, num momento infeliz.

❖

Além da mentalização negativa, Espíritos ociosos e perversos que enxameiam na erraticidade inferior, atraídos pelas ondas mentais pessimistas, passam a contribuir para o tentame de desventura, através da inspiração, em mecanismos vigorosos de obsessão, a que o invigilante se submete.

❖

A grande decepção do suicida é constatar o prosseguimento da vida e do problema de que se procurou evadir, com o agravante das dores morais advindas. Porque não há morte, a vida continua em outras expressões vibratórias, nos moldes plasmados pala conduta de cada um.

❖

O que hoje te aflige, amanhã, vencida a situação, será o teu título de enobrecimento.

❖

A dificuldade de agora se transforma em experiência para mais tarde.

❖

Não raro, a atitude lamentável do suicídio ocorre quando a questão já se estava resolvendo.

❖

Com um pouco mais de paciência, toda a alegria estará ao alcance, e, através do desespero, da rebeldia, surgem os anos sucessivos de infortúnio e demência.

❖

Seja qual for a provação em que te vejas situado, abre-te a Jesus e a Ele entrega-te em confiança. Ele é o caminho.

❖

Avança, mesmo que destroçado. Ele é a Verdade. Nutre-te com a Sua sabedoria. Ele é a Vida. Aguarda um pouco, na fé, e te adentrarás na Sua plenitude. Matar ou matar-se, nunca!

JOANNA DE ÂNGELIS

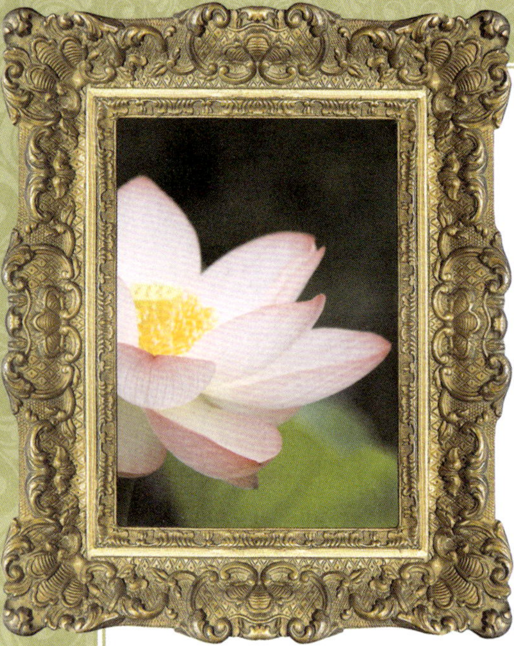

20

DESAFIOS DA VIDA

Encare a enfermidade como fenômeno natural. Toda máquina sofre o inevitável processo de desgaste, e o corpo humano não foge a esse impositivo.

❖

Enfrente as situações difíceis com serenidade. O problema-desafio merece maior soma de raciocínio para ser solucionado.

❖

Reserve-se à atitude nobre, nos múltiplos empreendimentos da vida. Atuar com altruísmo nos momentos comuns é trivial entre todas as criaturas.

❖

Permita-se a ensancha de elevação, não recusando as tarefas difíceis. O homem que almeja lograr as estrelas, educa-se para a conquista das cumeadas.

❖

Valorize o esforço dos outros, sem excogitar do que eles poderiam fazer a mais e deixam de realizar. O crítico contumaz possui visão defeituosa.

❖

Mantenha o clima de otimismo por onde você transita. Há muito desencanto que pode ser modificado, mediante a simpatia de alguém.

❖

Promova a palavra edificante, favorecendo a conversação com temas salutares. O verbo que levanta os ideais, quando desprezado, fomenta a mágoa e o crime.

❖

Descubra no seu serviço a emulação para executá-lo com prazer. O tempo passa de qualquer forma, sempre melhor quando vivido com alegria.

❖

Proponha-se a não combater ninguém. O mal é a meta que lhe cumpre vencer e os que lhe tombam nas malhas são oportunidades para exercitar o bem.

❖

Cumpra com os seus deveres disciplinadamente. Faça mais: adicione aos compromissos normais o abençoado ministério da caridade, sendo para seu irmão o que dele você gostaria de receber.

❖

A vida a todos solicita vitórias. Somente aqueles que se conscientizam das próprias responsabilidades e se resolvem por atendê-las, atingem o êxito da paz com superação de si mesmos.

Marco Prisco

21

JESUS E OS HOMENS

Jesus disse:
"Eu sou a porta..."
– Nós devemos atravessá-la.
"Eu sou a luz..."
– Nós necessitamos de claridade.
"Eu sou o Caminho..."
– Nós precisamos percorrê-lo.
"Eu sou a Verdade..."
– Nós ainda somos a ilusão.
"Eu sou a Vida..."
– Nós jornadeamos pela morte.
"Eu sou o pastor..."
– Nós somos as ovelhas.
"Eu sou a paz..."
– Nós vivemos em conflito.

"Eu sou o pão da vida."
– Nós estamos esfaimados.

❖

Jesus e nós!
A Vida e o mundo!

❖

Há quem eleja a sombra para comprazer-se na escuridão; e há quem busque a luz para libertar-se.

❖

A vida é plenitude.
O mundo faz-se escravidão.

❖

Jesus liberta o homem.
O mundo encarcera-o.

❖

Vive, no mundo, com Jesus na mente e no coração, a fim de alcançares a paz, mediante a vitória que te aguarda, após o trânsito edificante pela experiência humana.

❖

"Quem crê em mim – afirmou Jesus – já passou da morte para a vida."

JOANNA DE ÂNGELIS

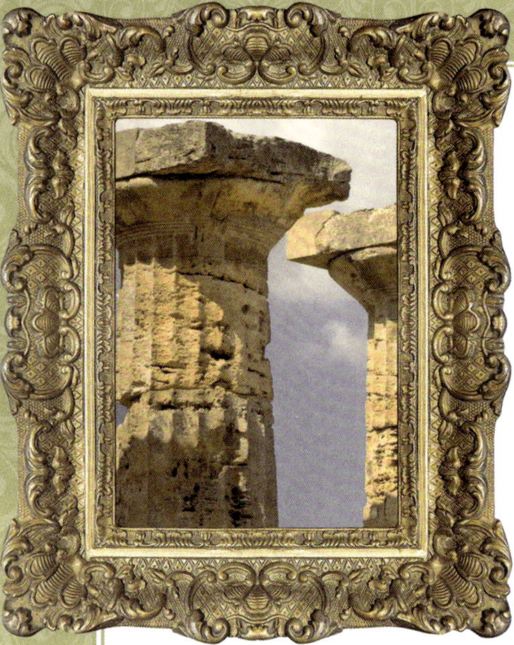

22

Carro e cruz

O carro do prazer passa célere pelas avenidas do mundo, conduzindo os seus iludidos. A cruz do Cristo se arrasta vagarosa pelas veredas do sofrimento, carregada pelos seus heróis.

❖

O carro da alegria fugaz vence as distâncias, embriagando as pessoas. A cruz do Cristo segue pesada através dos tempos, despertando as mentes.

❖

O carro da fantasia colorida chama a atenção pelo ruído que produz. A cruz do Cristo, sem alarde e silenciosa, passa despercebida.

❖

O carro do triunfo mentiroso desperta inveja e as paixões o seguem. A cruz do Cristo, real e repudiada, avança sem admiradores nem cobiçosos.

❖

O carro do poder roda por sobre suas vítimas que ficaram silenciadas no anonimato, sacrificadas, para saciarem a ânsia alucinada dos dominadores. A cruz do Cristo é levada sobre os ombros, em total abandono, dilacerando, para atender à sede de amor.

❖

O carro do mundo escraviza. A cruz do Cristo liberta.

❖

O prazer conduz à dependência e a cruz alça à sublimação.

❖

A alegria estúrdia alucina, enquanto a cruz acalma.

❖

A fantasia se desfaz na realidade e a cruz oferece a plenitude.

❖

O triunfo sobre os outros se converte em amargura, no entanto, a cruz se transforma em iluminação.

❖

O poder passa e a cruz ergue ao topo da vitória sobre si mesmo.

❖

No mundo, disputa-se o carro do fausto, sobrecarregado de quimeras, ao mesmo tempo que se abandona a cruz despida dos atavios mentirosos da transição. Os que ocupam o carro das glórias e desmandos são arrojados fora, e quase todos enlouquecem. Os que se deixam crucificar permanecem em paz, no suceder do tempo. Otávio e Tibério, Herodes, Anás e Caifás, que brilharam por um dia no carro fulgurante do poder ligeiro, atravessaram o portal do túmulo em rude peleja com eles próprios, a sós e vencidos. Jesus, que carregou a cruz da glorificação perene, venceu o mundo, o túmulo e os que O abandonaram, continuando como símbolo de grandeza real e perfeita, desde então, por todos os séculos do futuro.

JOANNA DE ÂNGELIS

23

AÇÃO PARA A PAZ

O homem, na Terra, impelido à luta pela necessidade da evolução, sonha com lugares ideais, onde o repouso o conduza à meditação e à prece. Vitimado por mecanismos de ociosidade física e mental, detesta o trabalho que lhe põe à prova a capacidade de ação e as resistências morais. Somente a visão interior correta, no entanto, em torno das superiores finalidades da reencarnação, pode propiciar-lhe decisão para os empreendimentos que lhe cumpre realizar. O trabalho, por isso mesmo, constitui-lhe o instrumento precioso para lograr a destinação que o aguarda. Enquanto não se harmonize, realmente, consigo mesmo, onde quer que se encontre, padece os conflitos que o aturdem.

❖

Algumas religiões e filosofias ascetas tentaram, sem êxito, no passado, o milagre da felicidade, mediante o desprezo pelo mundo e a indiferença pelo próximo. No momento, cansado da tecnologia e do conforto adquirido, o homem se volta para novos mecanismos de evasão, tentando a conquista da paz através do uso das velhas fórmulas que recomendam a fuga da Sociedade, formando grupos estanques, onde a meditação sem a ação termina por saturar ou torna empedernidos os sentimentos criados para o amor.

❖

Existe um lugar onde a prece é mais ardente e a meditação mais afervorada. Há um recanto no qual se haurem coragem e paz. Está ao alcance de todos, um santuário de renovação e alegria. Este recinto abençoado e feliz, rico de oportunidades libertadoras, é aquele onde a caridade desenvolve o seu programa de ação, em nome do amor de Deus por todos nós.

❖

Afasta da mente a tentação do repouso indevido.

❖

Aprende a meditar diante da dor de teu irmão.

❖

Exercita a oração no meio do sofrimento geral.

❖

Que seria dos necessitados, que de certo modo somos quase todos nós, se ficássemos sem o concurso da solidariedade? Sai de ti mesmo, portanto, do castelo do egoísmo, e reparte as fatias de amor com os que sofrem, mesmo que te sintas carenciado. E nunca te olvides da recomendação de Francisco de Assis, atualizando os ensinos de Jesus, de que *"é dando que se recebe"* e é trabalhando com afã que se conquista a paz.

Joanna de Ângelis

24

POEIRA DE ESTRELAS

Mestre – disse o discípulo comovido –, *doei tudo quanto eu possuía e agora venho seguir-te.*

Respondeu-lhe o sábio: – *Deste somente o primeiro passo no caminho da elevação espiritual, que te servirá de base para aprenderes a dar-te.*

❖

Isolou-se do mundo para amar a Deus. A sós, porém, perdeu o contato com Deus e desequilibrou-se a si mesmo.

❖

Estava embevecido, contemplando a Lua na água tranquila do lago. Contentava-se com o reflexo, embora tendo-a, real, um pouco mais acima da cabeça.

❖

Emocionado, deixava-se envolver pela minha canção. Seria melhor que, ao invés de ouvir, viesse cantar comigo.

❖

Vivia buscando fora o amor que não chegava. Envelheceu, aguardando. Quando o sofrimento se fez mais forte e a soledade mais cruel, resolveu amar a todos que encontrasse. Só então se deu conta que o amor lhe habitava no íntimo, ansioso por oferecer-se a alguém.

❖

Impregna a vida com o perfume da tua abnegação, mesmo que tudo quanto tenhas não seja mais do que o desejo de ser útil e bom.

RABINDRANATH TAGORE

25

O PROBLEMA DO JULGAMENTO

O julgamento, a respeito das atitudes do próximo, é sempre indevido quão inoportuno.

❖

Por mais comprometedoras e claras as aparências, a realidade, muitas vezes, não é detectada. O observador identifica somente uma parte da questão, cujo conjunto de fatores passa despercebido.

❖

O que vemos suceder é o clímax de acontecimentos cujas raízes ocultas se desenvolveram ao longo do tempo.

❖

Aquele que cai não pode ser julgado pelo desfalecimento de forças deste momento, porquanto, quiçá, ele esteja lutando, desde há muito, o que lhe produziu um grande cansaço.

❖

O acusador assume um papel antipático, aparentando não possuir a imperfeição que descobre noutrem, ou erguendo o erro alheio para o leilão da impiedade geral, diminuindo ou justificando, desse modo, os próprios deslizes. Outrossim, a imparcialidade, no exame das ações do próximo, é quesito muito complexo para quem se atribui o direito de censurar e exigir conduta que lhe não diz respeito. Certamente, aqui, não nos referimos àqueles aos quais a sociedade delega os direitos de aplicar os códigos da justiça humana, reflexo, de alguma forma, das Soberanas Leis.

❖

Se a imprevidência incitar-te a julgamentos precipitados, examina a própria atitude e coloca-te no lugar do equivocado. Isto te dará a medida para que o examines conforme gostarias de ser considerado.

❖

Diante de julgadores insensatos que apontam as falhas do próximo com exigências descabidas, evita fazer coro com as suas vozes. Intenta diminuir a carga que atiram sobre o outro, ausente ou não, e, se não lograres mudar o rumo da conversação dissolvente, afasta-te do grupo impiedoso, que um dia agirá contra ti com a mesma aspereza.

❖

O julgamento das ações alheias é consequência do hábito enfermiço da maledicência, que vê as ocorrências através de lentes deformadas, que lhes alteram a face dos acontecimentos.

❖

Quem tomba num delito, sabe-o, exceto quando se trata de um enfermo mental. Seja quem for, porém, aquele que erra merece a tua compaixão e caridade. O carente não desconhece a própria necessidade, cabendo-te o dever de diminuí-la ou compreendê-la, quando não possas fazer outra coisa.

❖

O teu irmão, hoje caído, se o ergueres, poderá ser a mão que te levantará amanhã. E mesmo que jamais venhas a encontrá-lo adiante, faze-lhe, agora, todo o bem que possas.

A bondade fraternal é semente de luz que colocas pelo caminho por onde avanças.

❖

Há muitos acusadores ferrenhos e julgadores impenitentes no mundo, que, aliás, prescinde deles. Sê tu quem compreende e desculpa o irmão que se vê a sós, esteja perseguido ou não.

❖

Jesus jamais julgou as faltas daqueles que Lhe eram apresentados sob delitos, apesar de ter a visão global dos acontecimentos, e talvez por isso mesmo...

Porque conhecesse a debilidade humana, recomendou-nos que a ninguém julgássemos, porquanto pela forma como seja considerada a fraqueza alheia, assim cada um terá a sua considerada.

JOANNA DE ÂNGELIS

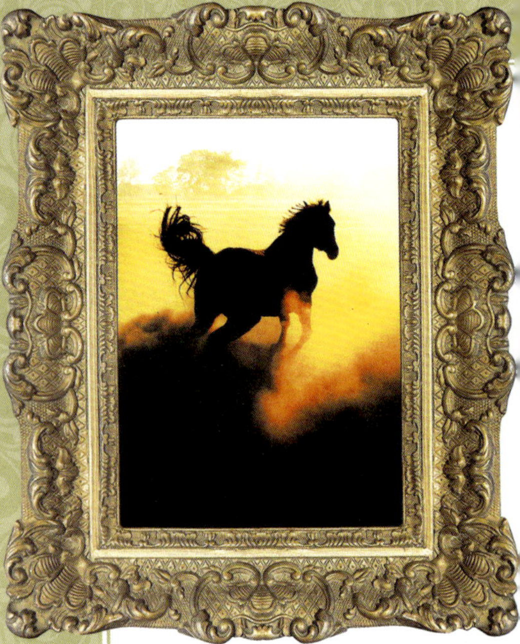

26

Enfermidade da alma

O ódio é fogo devastador que consome as reservas do sentimento humano. Lavra, rápido, depois que a chispa do desequilíbrio se transforma em labaredas vorazes, atingindo quanto se lhe antepõe à combustão. Aloja-se na mente atormentada que o agasalha e o vitaliza com o combustível da insensatez. Enfermidade da alma, contamina muitos daqueles que se lhe acercam, em razão das ondas mefíticas que irradia. Jaz no recesso das emoções descontroladas e dorme no egoísmo avassalador que somente a si se atribui direitos e merecimentos. Irrompe sob pretextos falsos e justifica-se através de ardis, que são os interesses inconfessáveis de que se nutre.

A inveja, o despeito, a mágoa, o ciúme, o orgulho, a prepotência, desencadeiam-no, por serem decorrência da inferioridade moral da criatura, no estágio primevo da evolução. Inicia-se com a ira, robustece-se com o hábito da cólera, e domina. Os fracos, aparentemente fortes, são-lhe os melhores candidatos, em razão dos conflitos, recalques e complexos de inferioridade que padecem e ocultam sob as reações morais e físicas da violência. Enquanto viger no coração humano esse adversário cruel, a Humanidade estará a braços com os sofrimentos individuais, de grupos, massas e nações.

❖

Os heróis, os santos, os sábios e os mártires conheceram-lhe de perto a ação nefanda, padecendo as artimanhas com que se disfarça para atingir as suas metas inferiores.

❖

Sócrates não se pôde furtar à inveja dos apaniguados do ódio.

❖

Jesus não se importou de sofrer a sanha do despeito farisaico que sustentava o ódio.

❖

Galileu não fugiu à injunção da ignorância mascarada de poder, experimentando-lhe o ódio.

❖

Jan Hus, por desacreditar a mentira, ardeu nas chamas do ódio, que o comburiram na fogueira.

❖

Leymarie, confiando na justiça, foi arrojado ao cárcere, pelo preconceito que esconde a virose do ódio.

❖

Gandhi padeceu a infâmia que o ódio articula e teve o corpo abatido...

A relação é expressiva e vem atravessando os séculos enriquecida por vândalos e psicopatas, nobres e plebeus que se ergueram e se celebrizaram pela loucura que o ódio acelera.

❖

Não obstante, a maior vítima do ódio é aquele que o carrega. Vivendo-lhe a constrição ultrajante, torna-se infeliz e contagia de mal-estar todos quantos lhe experimentam a convivência.

❖

Há, no mundo, os que odeiam porque se não resolvem amar, porquanto o amor é o antídoto dessa enfermidade que mata expressivo número de vítimas, que são todos aqueles que lhe permitem a contaminação.

❖

É grande o número dos desajustados pelo ódio no mundo!

❖

Ao primeiro sinal da presença do ódio em ti, reage com resolução firme. Não acalentes a ideia do desforço, nem agasalhes os sentimentos da mágoa.

❖

Todo mal é prejudicial àquele que o aciona; portanto, não te deixes atingir. Se tombares na revolta, ferido pela ira, refunde as tuas forças na oração e desculpa o ofensor, passando a amá-lo a distância, sem entrar em sintonia com a atitude infeliz que o outro haja tido em relação a ti.

❖

No algodão do amor, todo ódio morre asfixiado pelas vibrações da piedade fraternal para com o ofensor.

JOANNA DE ÂNGELIS

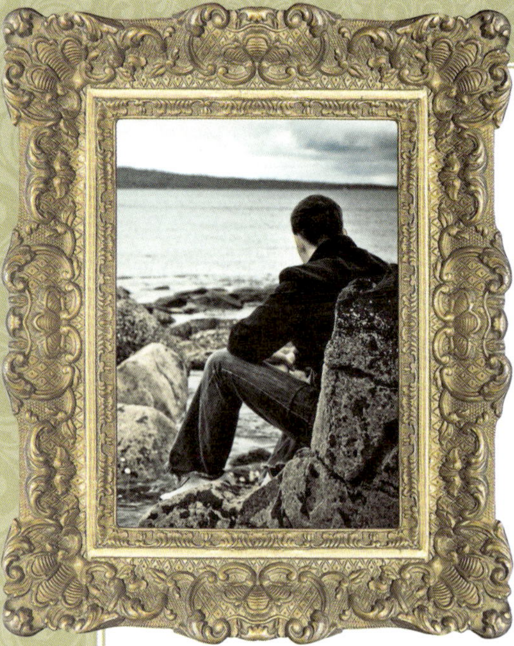

27

COMANDO ÍNTIMO

Todo empreendimento nobre, no processo de evolução, exige comando íntimo de segurança e equilíbrio daquele que o enceta.

❖

O corpo é máquina divina que obedece à disposição das próprias peças. Para que estas funcionem em conjunto harmônico, devem estar convenientemente ajustadas às suas finalidades, sem sofrerem excessos de qualquer natureza.

❖

Comandando todo o equipamento através da mente, o Espírito responde pelo sucesso ou não da engrenagem, bem como pelos resultados das operações a desenvolver. Neste capítulo surge o impositivo do equilíbrio interior, em forma de disciplina mental e moral bem conduzida.

❖

O corpo são é preservado mediante comportamentos próprios que lhe mantêm o conjunto em ritmo de ação harmoniosa. A vida sã, da mesma forma, decorre da estabilidade da emoção sob a direção mental salutar.

❖

À ação precede o planejamento. A ordem deflui do trabalho eficiente. O equilíbrio resulta do esforço em conduzir aspirações e realizações, sustentando as finalidades nobres a que se destinam.

❖

Um programa, portanto, de disciplina interior faz-se inadiável, a fim de lograr-se êxito nos cometimentos que se perseguem.

❖

O hábito da leitura edificante gera disposições elevadas e predispõe a realizações nobilitantes.

❖

A prece frequente facilita a inspiração do Plano espiritual superior com o consequente amparo que dele se recebe, afastando as influências perniciosas.

❖

O trabalho da caridade fraternal irradia ondas de simpatia e afeto que se transformam em defesa moral contra as agressões exteriores.

❖

O otimismo desencadeia vibrações positivas que atuam na organização fisiopsíquica de maneira favorável.

❖

A reflexão propicia avaliar-se o que se tem feito e o que se deve fazer, auxiliando na melhor compreensão dos deveres, antes que na disputa dos direitos.

❖

Não te permitas exorbitar em qualquer campo no qual te encontres em função da vida. Comanda as tuas aspirações e favorece-te com as conquistas interiores da paz e do amor para o trabalho de autoburilamento, através do qual melhor entenderás os desígnios da Providência. Mesmo Jesus, o Sábio por excelência, concluídas as exaustivas tarefas diárias em nosso benefício, ao invés de viver os júbilos excêntricos da algazarra popular, recolhia-se ao silêncio e à oração, para ouvir o Pai, ensinando-nos, na disciplina constante, a regra eficaz para o êxito do superior comando íntimo.

JOANNA DE ÂNGELIS

28

Recurso liberativo

Quanto você recorra ao analgésico ante a injunção da dor, não se olvide da oração, a terapia de profundidade.

❖

Da mesma forma que você busca o antitérmico em razão da febre, tenha em mente o uso da água fluidificada, que atende nas causas da infecção.

❖

Submetendo-se à psicoterapia, a fim de libertar-se de problemas do inconsciente atual, busque a leitura espírita edificante com que se liberará dos clichês infelizes do passado espiritual.

❖

Procedendo à praxiterapia psiquiátrica para superar problemas afligentes do comportamento, não esqueça do exercício da caridade, com que granjeará paz interior de significação real.

❖

Em qualquer terapêutica que se lhe faça urgente, você dispõe do valioso contributo espiritual para alcançar as matrizes do problema que surge em efeitos dolorosos. O homem é o Espírito que lhe habita o corpo.

❖

Soma e psique resultam das ondas emitidas pelo ser encarnado, no seu processo evolutivo. Minimizados os efeitos e não atingidas as causas-matrizes dos processos depurativos, o problema persistirá.

❖

Você tem um compromisso com a vida.

❖

Trabalhe na comunidade onde se encontra instalado, como cidadão, todavia, eleja a ação santificante da caridade, como cristão.

❖

A insistência no bem é terapia preventiva, ao mesmo tempo são créditos que anulam compromissos negativos da sua ficha cármica.

❖

Para cada doença, o remédio correspondente.

❖

Em qualquer situação, o recurso espiritual de liberação definitiva.

MARCO PRISCO

29

Carências

Vives num mundo no qual a carência é uma constante, gerando desequilíbrio e promovendo violência.

❖

Há carência afetiva, porque aqueles que desejam ser amados não se resolvem por amar com sentimento fraternal.

❖

Permanece a carência de emprego, porque escasseia o número dos que desejam trabalhar com dignidade recebendo um salário justo.

❖

Predomina a carência de saúde, em razão dos exageros alimentares, dos vícios e da rebeldia mental.

❖

Espalha-se a carência econômica como consequência da falta de solidariedade de todos, no relacionamento de uns para com os outros.

❖

Aumenta a carência de segurança, graças ao desrespeito à liberdade do próximo, como efeito da libertinagem que se generaliza.

❖

Avoluma-se a carência de alimentos em várias áreas, enquanto noutras o desperdício é assustador.

❖

Quase todas as pessoas se apresentam em carência, afirmando nada receberem, sem embargo, possuindo inúmeros recursos que são escassos noutras, mas que se recusam a lhes oferecer.

❖

O problema da carência é resultado do desamor ao próximo, à vida, ao dever.

❖

A ociosidade de uns provoca a carência de outros. O egoísmo de alguns responde pela carência de muitos. A ambição de diversos gera a carência das multidões.

❖

Faz-se necessário, igualmente, considerar-se que a Terra ainda não é o paraíso, onde a abastança, a plenitude e a paz estabeleçam um oásis de encantamento. Escola de aprimoramento das almas, propõe um currículo rigoroso para a aprendizagem valiosa. Ninguém, todavia, lhe desrespeita impunemente os códigos para a própria formação moral e evolutiva. Justo, portanto, que o estágio nos seus cursos se faça mediante esforço e obediência rigorosos.

❖

Cada dia possui vinte e quatro horas, na sucessão dos anos...

❖

Reserva qualquer espaço de tempo para diminuíres a carência vigente. Não alegues cansaço, nem te apresentes desanimado. O que tens, escasseia noutras pessoas. Conforme gostarias de receber um pouco daquilo que eles possuem em quantidade, começa por seres tu aquele que oferece primeiro.

❖

Aprende a dar, a fim de que outras criaturas comecem a permutar.

❖

A experiência da bondade gera o hábito da solidariedade, que desenvolve os sentimentos nobres dormindo latentes em todos os indivíduos.

❖

Observa a sabedoria da Natureza, que reflete a misericórdia do Pai e, desse modo, inspira, fala e atua ao lado de outros contra a carência, inaugurando o período da fartura que só o amor sabe proporcionar.

JOANNA DE ÂNGELIS

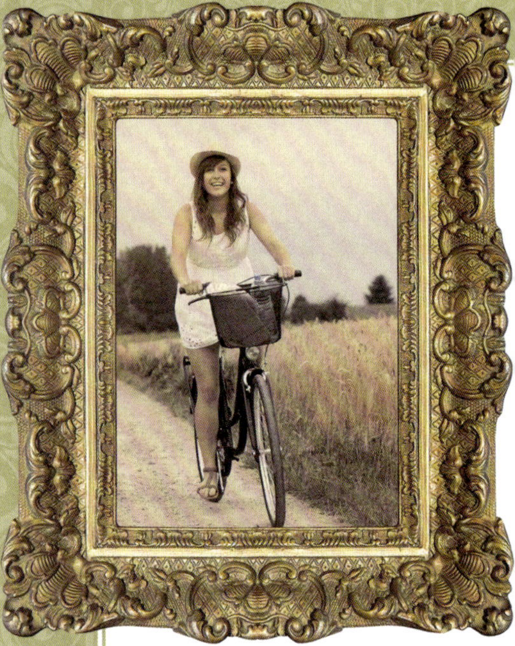

30

SOU EU

Na execução de qualquer empreendimento, é inevitável o contributo do esforço pessoal. Toda atividade exige atenção; qualquer serviço impõe desgaste em quem o executa.

❖

Vives participando do festival das conquistas iluminativas.

❖

Logrado um tentame, outro se te apresenta.

❖

A fome saciada num momento, volve depois.

❖

A aquisição de uma experiência enseja nova realização.

❖

O que agora basta, faz-se necessidade futura.

❖

Quem contempla o prado, que se alarga ante a visão, descobre, além, o infinito fascinante, que o arrebata.

A viagem evolutiva é assinalada por etapas que se fazem conquistadas a sacrifícios e dores, às vezes extenuantes.

❖

Não interrompas o curso das tuas atividades nobilitantes, porque se te apresentem cansativas. Há muitas distrações chamando-te para lugar nenhum.

A sementeira de hoje te responderá amanhã ao empenho, conforme o que plantares.

❖

Muitos abandonam a tarefa ao meio do caminho e se dizem desiludidos. Inúmeros lidadores estacionam ante a dificuldade, procurando repouso. Dos numerosos candidatos à realização do bem de si mesmos através do bem ao próximo, somente alguns intimoratos chegam ao seu termo.

❖

Compromisso dignificante, responsabilidade em pauta. Não é de estranhar-se a expressiva soma de abnegação em empreendimento qual este, que tem a ver com a eternidade da vida.

❖

Assume, portanto, o teu papel, sem receio, investindo o que possuas de melhor, e avançando sempre. Defrontarás incompreensões e lutas acerbas, porque não há clima, por enquanto, para os cometimentos espirituais, em face do jogo vigente dos interesses subalternos e às suas pressões violentas. Não te perturbes, porém. Consciente do teu dever, experimentarás os estímulos que fluem do Alto e jamais te sentirás em desamparo. E se fores convocado ao testemunho, sem precipitação ou temor, paga o tributo pela honra de viver o ideal em que crês e que te constitui vida. Nessa pugna, o aparente perdedor é sempre o vitorioso, que paira, vencida a batalha, acima de todas as vicissitudes.

❖

Quando os adversários do Mestre foram prendê-lO, na noite inesquecível da traição, Ele perguntou aos famigerados servos da ignorância: – *A quem buscais?* – E Lhe responderam: – *A Jesus, o Nazareno*. Sem qualquer indecisão ou medo, asseverou-lhes o Justo: – *Sou eu*. Duas palavras, e se definia o destino da Humanidade ali presente. Quando chegar a tua vez, dize, também: – *Sou eu*.

JOANNA DE ÂNGELIS